I0391568

www.ingramcontent.com/pod-product-compliance
Lightning Source LLC
Chambersburg PA
CBHW070416220526
45466CB00004B/1430
* 9 7 8 1 6 9 1 0 7 2 1 9 4 *